IMPERIUM

URBIUM

Las ciudades que transitas

Victoria Tejel

AUGUSTA

En las ciudades, la vida es más pequeña
que aquí, en mi casa, en lo alto de este otero.
En la ciudad, las grandes casas cierran la vista con llave,
esconden el horizonte, empujan nuestro mirar lejos del cielo,
y nos vuelven pequeños, pues nos quitan lo que nuestros ojos
[pueden darnos,
y nos vuelven pobres, porque ver es nuestra única riqueza.

Pessoa - Alberto Caeiro
Poesía I. Los poemas de Alberto Caeiro 1
«El guardador de rebaños», VII

www.imperiumediciones.com

 imperiumedicion

Imperium Ediciones

Primera edición: octubre 2025

© De esta edición: Imperium Ediciones
© De los textos: Victoria Tejel

Maquetación: María Pilar López Pinilla

ISBN: 979-13-990280-2-7
D.L.: Z-1110-2025
Impreso en España – Unión Europea

Prefacio
LA CIUDAD

En el mundo antiguo, la vida trascurría en un equilibrio inestable bajo el constante peligro de ataques de animales o gentes de otros poblados. Vivían entre la insuficiencia alimentaria, la enfermedad y la sequía. La muerte acechaba. La esperanza de vida era breve.

La creación de ciudades supuso un desarrollo complejo de las sociedades que inventaron la escritura, controlaron el agua, se especializaron en trabajos, introdujeron el regadío que aseguraba las cosechas, almacenando los excedentes. Pero, también, levantaron muros y murallas de defensa, crearon ejércitos, leyes escritas, cálculo, conocimiento. La ciudad se transformó en un lugar habitable, seguro y próspero donde imperaba la Ley. Con el surgimiento de la ciudad nace la Civilización urbana en torno al desarrollo de ideas, creencias, cultura y conocimientos científicos y técnicos. Al mismo tiempo que se transformaría en lugar de hacinamiento humano y de desconexión de una vida primigenia y libre en la naturaleza.

En cualquier caso, en la actualidad, algo más de la mitad de la población mundial vive en ciudades de todo tipo: interiores, costeras, capitales, provincianas, grandes, pequeñas, modernas, antiguas, históricas, de nueva planta, cosmopolitas, tradicionales... Pero también la vida se desarrolla en otras grandes ciudades como la ciudad de los sueños, la ciudad de los vivos, la ciudad de los muertos, la ciudad de los místicos o la ciudad de los libros. Ciudades sobre las que trata y aborda este poemario.

I
LA CIUDAD DE LOS SUEÑOS

1
COCHES

Cada época trae su modelo en imagen.
Ahora, las niñas pueden ser lo que quieran ser,
dicen los cuentos. Será verdad. O tampoco.

Las niñas antiguas querían conducir un coche.
Eran niñas de rareza atípica,
que contemplaban los automóviles

comparando, eligiendo en sueños
aquel más hermoso a sus ojos
mientras pasaban los años.

¡Ay! Ese caballo de metal como veloz Pegaso,
jugando a llegar antes que el viento
a lugares ensoñados en umbrío dormitorio.

La libertad en la piel de la consciencia,
saltando cantarina entre ciudades y bosques.

Mira, niña, tu alma en la carretera amando sobre el volante.

2
VAQUEROS

Hay una manera remota de ser.
La imaginación partiendo en mil fractales
esa realidad en hierro con extremo de cadena.

La niña no quiere ser madre ni trabajar en casa,
si no, vaquero sobre caballos blancos,
levantando valiente a la adversidad el pecho.

Hay maneras de escapar de las prisiones
con fórmulas de magia alternativa, que no fallan,
forjando un nombre nuevo dueño de su historia.

La niña trota por desiertos galopando entre cañadas,
solitaria. Mientras, estudia generosa letras, cuentas, libros,
o salta sobre gomas, combas, setos en los parques.

Crece fuerte. Templada con carne de justos,
inmersa en sabiduría sin origen conocido.
Y cabalga confiada la vida de infancia sin fatiga.

3
GESTOS

Las grandes gestas son del alma.
Pero ¿y qué sabe la niña que sueña con
quebrar el desánimo nacido en la batalla

o salvar las ciudades asediadas por los malos
levantando la bandera destrozada sobre el suelo?
Las grandes gestas son la sangre del camino.

Pero ¿y qué conoce la niña palpitando en aventuras
sobre islas desiertas y tesoros escondidos,
perdidos robinsones o filibusteros buenos

defendiendo con espada justicia y libertad?
Y la niña con nervio pirata levanta el alfanje
con bravura más allá de su muerte o de su vida,

mientras cae gritando el artillero enemigo
y se rinde un grumete hostil desde la botavara.
Y el capitán niña valiente salva a la tripulación y sus vidas.

4
DISFRAZ

Un mundo de patriarcas dominante
construye una cultura de hombres
con libros barbados en acción varonil,

mientras ellas caen incapaces al suelo,
siendo salvadas con paternal protección.
La niña quiere también salvar vidas,

proteger a los frágiles del abuso,
luchar con ahínco contra los malos
y escribir su historia verdadera.

Por eso calza botas de cuero masculinas,
esconde su pelo bajo un sombrero encajado,
vendando su torso bajo opacas camisas.

Y camina marcando la pisada con fuerza militar
en amago a la mujer que asoma en su cuerpo.
Madre, no quiero ser niña. Quiero ser libre.

5
INDEPENDENCIA

Hija, el mundo es de hombres.
No tiene valor la palabra de mujer.
Somos cuerpos al servicio del deseo en testosterona.

Ten tu trabajo, pues sustenta la independencia.
La niña escucha con atención a su madre.
Estudia mucho. Sueña. Quiere su coche. Ser libre.

Y termina bajo modelos de escuela en el mismo agujero.
Mujer madre de hijos e hijas, limpiando en casa
bajo la sombra deformante de un hombre,

que, por serlo, contiene más valía ante el mundo.
La niña mujer desempeña trabajo remunerado,
pero no es libre ni independiente, ni siquiera reconocida.

Conduce su coche como eterno chofer.
Escupe desprecio de hombre en cada esquina.
Un día, expulsó al hombre zángano de casa. Fue libre.

II
LA CIUDAD DE LOS VIVOS

6

GUSTAR LA VIDA

Otra entrevista en un hueco vacío.
Respiro libre en la calle. Todo ha pasado.
«Ya me dirán algo», me dicen. Mentira.

Contesta siempre un maldito silencio.
Tengo hambre y tres euros. Calor. Un helado.
Fresa y nata, por favor, pido con dolor de alma.

Un banco entre jardines de plaza rota
surge confidente de mi pena ahogada en dulce,
sólido en mi lengua placentera ya helada,

derretido frío, lento, amable,
recordando algún edén perdido.
Qué rico el cucurucho de galleta.

No tengo trabajo. Ni se espera en el horizonte.
Un beso de helado. Luego, otro. Y otro más.
Me quiere. El gozo desborda en deleite mi boca.

7
SOCIEDAD DEGRADADA

Atornilla lenguas en un silencio turbio.
Sí. La sociedad engorda insana
sobre comederos putrefactos.

Permanece estática aplastada,
enredada en hilos invisibles de pensamiento único,
en discursos populistas. Quiebra la libertad.

Y las gentes enajenadas. Pagadas.
Ancladas en juegos virtuales. Ociosas.
O paradas en siembra de vacíos. No hay trabajo.

No hay futuro. Una pobreza rancia envuelve
tiempos de hijos ajenos al viejo mundo,
de sangre degradada devorada por IAs.

De masa extraña construyendo babeles,
escarbando en vertederos de sueños imposibles,
de dinero fácil, de entretenimiento perpetuo.

8
RESPIRANDO LÁPIDAS

Los vivos respiran a golpe de lápida descreída,
abiertas sus fauces a la desesperanza.
Nadan ahogados en materia, en ciencia,

en demostraciones, en falacias,
en vació de existencia convertido en suicidio.
Y las calles enlutadas. Y las gentes empobrecidas

celebrando doce campanadas a final de año
como si el sonido metálico cantando a muerto
pudiera transformar el sistema de un día a otro.

El horizonte pinta en bastos autocracia
tocando zíngara las cuerdas de una guitarra vieja
en fiesta celebrando su llegada.

Cuida, que agazapada llega dictadura
Disfrazada, adelantado por la izquierda
con turbio horizonte tragando libertades.

9
GUERRAS

Pero sí. Todo cambia en un segundo.
Hay paz. De repente, un proyectil con nombre
cae en la ciudad señalada creando destrucción.

No quedan casas, ni tiendas, ni agua potable,
ni alimentos. El caos. La muerte. El hambre.
El norte perdido, el hombre vencido,

la mujer violada, el viejo en las calles,
el niño enterrado en cascotes. La nada.
Las bombas son noticia de telediario.

La sangre tiembla en imagen inundando redes.
Las vidas sesgadas quedan santificadas
durante unos segundos hasta ser olvido.

Guerras de decapitación de cabezas cristianas,
guerras contramusulmanas, guerras imperialistas,
guerras civiles. Desmembrando todas la existencia.

10

DESAMOR

Se regala desamor para todas las edades,
para niños de familias rotas, adolescentes sin autoestima,
ancianos abandonados en soledades,

mujeres maltratadas con silencio de candado,
humanidad vapuleada por la pobreza extrema hecha hambre.
Se regala materialismo a peso aleado en vacío existencial

para enfermar el alma con disparo putrefacto,
implosionar la mente diseccionada en nanocortes,
deformar el cuerpo hasta la muerte súbita.

Se regala violencia tipificada en muestrario de oferta
en la escuela, casas, calles, en el mundo destruido sin futuro,
en el Hombre, en las guerras, en abusos sexuales lapidarios.

Se regala desamor en cada esquina de existencia,
levantada en abismo de vacío cortando las gargantas,
sepultando en grito terminal la Humanidad moribunda.

III
LA CIUDAD DE LOS MUERTOS

11

CEMENTERIO

Las calles del silencio saben a eternidad
silbada entre ramas de cipreses,
como vino de río en el viento

contando transparente amores y esperanza.
Esa gloria de encuentro entre vivos y muertos
alimenta un espacio verdadero,

donde yace la vida que fue,
energía viviente del ahora,
colgada del olvido bajo nichos y tumbas.

Ciudad de cuerpos descompuestos,
huesos descarnados, momificada carne,
cenizas densas recibidas en temblor de manos.

Un presente de cemento y losas escrito sobre ladrillo.
Sellado. Todo sellado. No escape la muerte.
No enferme a la vida en las calles del silencio.

12

TUMBAS

Las tumbas guardan voluntad antigua.
Y aún partidas las losas, sus gentes amaron,
soñando nuevos caminos abiertos en los trigales.

Bajo tierra descansa el tiempo detenido,
compactando huesos sin queja
de carne ya ausente en sudario.

El hierro de las cruces negras no llora,
no entiende de afectos rotos,
ni de abandono o ausencias.

Las cruces son memoria. Fui. Soy.
Y el tiempo vuelve a la historia del hombre,
de la mujer, del padre o el hijo o la hermana.

Rememora gestos, movimiento del cuerpo,
ágil, flexible, un discurso de carne deseable,
el espíritu abierto, el entendimiento rico.

13
NICHOS

Depositaron coronas de flores a los pies del nicho.
Llevé una rosa roja preservada en mi casa un tiempo.
En el cementerio queda la losa muda con su fotografía.

Ni voy a verlo. NI viene a verme.
Yace en carne vacía entre madera de pino.
Y yo mutilada el alma en olvido de roca.

Su timbre de voz. ¿Cómo era?
Un desvanecer de los sonidos penetra hondo,
construyendo un desierto de recuerdos.

¡Qué hermoso era escuchar sus palabras!
Cuentos sobre Paraísos y sobre necrópolis antiguas,
y cementerios sagrados y lluvia sobre losas en primavera.

La eternidad en sus labios. ¿Cómo sonaba?
Un silencio mortal acompaña mis días
mientras espero lluvia y primavera en Paraíso eterno.

14
COLUMBARIO

Despiertan ternura estos diminutos habitáculos
alineados en pequeñas casitas de mármol rosa.
Respiran destellos de soles sobre amaneceres,

guardando cenizas de vivos ya muertos.
Tan niñas sus lápidas, tan amantes,
tan cercanas al transeúnte fortuito,

tan cálidas acogiendo almas perdidas o halladas.
Los columbarios desprenden sabor a niños jugando
con espíritu de aventura en perpetua belleza,

como si un tambor elevase ecos de ángel
transitando ente eternidades enamoradas.
Los nichos impresionan. Huelen a muerto.

Los columbarios desprenden vida. Aman.
Ni hago preguntas. Ni tengo respuestas.
La vida siempre nace en cualquier esquina.

15
MAUSOLEO

Estos sepulcros fastuosos encierran
enterramientos colectivos importantes
o acogen cuerpos de grandes personalidades.

¿Quiénes? ¿Por qué? ¿Qué hicieron?
Cada época responde de manera distinta.
Las personas importantes cambian en el tiempo,

pues son producto de decisiones políticas.
Demasiado espacio vacío entre muerto y muerto,
encerrados en el mismo espacio con sello inmortal.

Entro con ellos en silencio espectral un instante,
emparedada entre muertos en el hueco oscuro.
Caminando sobrecogida para salir deprisa a la luz.

Permanecen intactos unos padres amantes
tras la lápida de un pequeño columbario. Siempre amados.
Con voluntad perpetua a través de los siglos.

IV
LA CIUDAD DE LOS MÍSTICOS

16
SALMO DE CIERVO

Ciervo en un niño cantando antiguo
como salmo alegre en labios de cosmos.
Así cuenta las cosas que vio. Las que fueron. Las que son.

Un ciervo con voz profunda en densidad de azules
y muestra aire veraz de pensar cristalino,
ilusiones en canciones impasibles a intemperies,

subiente hiedra de amor largo entre lluvia enamorada.
Ciervo como imprevisto en la Humanidad sorprendida
sobre palabras sin balas, sobre fraguas fraternas.

Diciendo verdad sobre senos de leche.
Ciervo en bello tronco de ónix con pecho ancho
de cuerpo fornido triunfante en tiempos de alma.

Dueño de verdades en plumas sobre el griterío.
Guardián de justicia como fuego de palabra auténtica.
Cántame, ciervo, como niño dormido en salmo nacido de estrellas.

17
PERPETUO I

¡Ay! Qué dulce amor corre perpetuo
con bosque abierto en crisantemo blanco.
Y la noche suspirando conmovida en mi sangre

que, en emoción vencida, reposa siempre en Ti.
Tiendo mi alma en Tu alma rendido mi anhelo,
bajada mi espada. Ni lucho ni temo. Aguardo

expirar en Ti, dulce amante, fundiendo mi vida
en Tu cosmos eterno fluyendo en morada
dentro de mí como Alma de mi alma

que olvida si ha sido ceniza, si barro, si cuita,
centrando su dicha en Tu cuerpo glorioso.
No digas niña que no te he contado

que Su torre abriendo cielos verdes, azules,
surca los valles y montes de mi alma entregada,
que brota colmando mi ser completo con pasión encendida.

18
PERPETUO II

¡Ay! Qué Amor de amores fundido en mi vientre,
Hermoso ciervo en hoguera colmando mi adentro
que mana leche de rosas blancas en morada,

buscando la Fuente de labios rojos besando mi boca.
Agua de mi alma temblando en castillo.
Río donde colmar mi pasión como junco flexible,

como trueno en el alma cegando mis ojos un relámpago
súbito, blanco, amante de manto en pasión encendida.
Tu beso. Mi pecho turbado. El viento labrando

Tu aroma en la piel de mis huesos.
¡Ay! Contémplame en mar rizado seduciendo mis ojos
en Hombre enamorado tomando en Tus venas

mi pasión entregada como yesca en Tus manos.
En Ti me vierto en eternidad imposible en el mundo
con brazo de cielo en lengua de estrella.

19
PERPETUO III

Toda dicha en Ti. Nada fuera de Ti. Todo en Ti. Por ti.
Contigo. Liba mi alma con fuego ardiente.
Amoroso pájaro fénix. Sin Ti no soy nada.

Hazme tu esposa. Libra a mi alma de este suplicio
que es estar fuera de Ti. Tú mi sol, mi cosmos.
Sin Ti, envejece mi castillo interior

fracturado en fragilidad ofrecida a Tus pies.
Sólo un beso de amor Te pido
envolviendo mi cuerpo, estallando en mi pecho,

como muerte bendita en lluvia de cielo
arropado mi cuerpo en tus brazos de amores.
Tú, mi tierno amante en la boca

en cáliz de eternidades abriendo Tu vientre de madre,
Tu pecho de Hombre tomando mi cuerpo de alma
con lengua de fuego enamorado colmándome toda.

20

BASTIONES

No queda otra. Permanecer de pie.
La fe limpia. La lealtad descomunal.
Cocrear con el cielo. Trabajar en el Bien.

Hago lo que puedo. Rezo con el pecho abierto.
Mantengo la mirada trasparente.
El corazón cristalino. La mente fija en el cosmos.

Cobijo la esperanza en el pensamiento
para ser palabra, para ser lengua, labio,
abrazo sin fractura en azules de estrella.

Y amar el paraíso. Y pensarlo. Y llamarlo.
Construir la eternidad con la piel extendida.
Hago más de lo que puedo. Llego a poco.

Sólo soy bastión enamorado del cielo
con piedra deshecha en filamentos de oro
intentando alcanzar luces de universo.

V
LA CIUDAD DE LOS LIBROS

21

CUENTOS DE LA ALHAMBRA I

Vendrán las nieves, saldrán los soles
en campana de incienso con tronco de mirra
cimbreando en saetas bajo tiempos callados.

Vendrán abriendo paso a costaleros,
a música de nazareno por la piedra empinada,
cruzando aromas de tilo, azahar y magnolio.

Suena la catedral en blanco entre encaladas casas
junto al castillo rojo levantado en roca,
oteando vida, olvidando muerte,

sobre noches azules de plenilunio.
Resuenan historias cristianas de amores
entre guerra y guerra en la Capilla Real

y desde Daraxa nazarí cantan historias moras
de grandes enamorados entre guerra y guerra,
historias de porte antiguo embebidas en misterio.

22

CUENTOS DE LA ALHAMBRA II

Y sobre guerras y amores versos, musas,
poetas de tierra abiertos al cosmos
a través de los siglos sin condiciones,

sobre el gentío, bajo la ruina, en la penuria,
con la riqueza de arte antiguo entre roca y roca
levantando al cielo el espíritu libre.

Venid, escritores. Granada abraza.
Sin escudos, sin banderas.
Aguarda vuestros versos rotos o fornidos

con anhelo de ciudad de mundo,
más allá de su Historia, de sus penas,
de sus triunfos, de su gloria.

Venid a escribir a tierra de leyendas rojas y blancas,
verdes y añiles con recuerdos de viejas horas
forjando belleza, brotando perpetua sobre la tierra.

23
CUENTOS DE LA ALHAMBRA III

Venid a cantar grandes gestas o a contar cien minucias,
a quemar cada verso bajo gestos antiguos,
sobre voces modernas en cimientos sin dueño.

Me quedo a tu lado. Me acuesto sincera.
Una cosa te pido. No me olvides, Granada,
cuando tu gloria cruce entero el orbe,

cuando te busquen poetas con ojos dormidos.
Recuerda mis manos abiertas, mi boca despierta,
dejando en tu entraña un ave fénix eterno.

Vive en mi alma tu cosmos sin tiempo,
donde reposan tus cuentos de Alhambra.
Tus fornidas letras contemplan princesas hermosas.

Un peregrino del amor abraza la ciudad palatina
en paseos por torres, colinas, patios y balcones.
Y allí, ensoñado, tu pasado emergiendo en leyendas.

24
EL SEÑOR DE LOS ANILLOS

Llegará tu memoria sin preguntar nada. Libre. Eterna.
Tendida en paisajes hermosos forjando estelas de mares.
Surgirá tú recuerdo detenido en poemas de elfos,

respirando brisa en la roca sobre el acantilado.
Gandalf embebe la mirada en horizontes azules.
Tres minutos de silencio por la muerte de Boromir.

Trancos crece vigía en lluvia bajo todo nombre.
Frodo carga con el anillo entre pináculos negros.
Todo es Tolkien calando el espíritu sobre todo tiempo

con letra de hombre que viene con luna grande
abriendo el cielo en los caminos con nervio antiguo
contenido en Providencia de Bien triunfando.

Letras que resuenan a hiedra de luces colmando el alma
como quien trasciende el cuerpo anclado a la tierra
postrado el ser en beso deshecho en átomo amante.

25
EL CORSARIO DE HIERRO

El centro del corazón de la niña permanece detenido
en asuntos importantes de vida y muerte.
De fe y batalla. De fuerza larga ante el destino.

No importa qué tiempo. Qué edad.
La soledad hecha materia en el sofá nada puede
sobre la niña hecha corsario explorando el alma.

Qué más da el silencio de la casa.
Importa la impronta de libertad
surcando océanos hacia aventuras

de tierras lejanas, de gentes desconocidas.
Importa la defensa del débil, la lucha por la justicia,
el valor de la amistad, el amor extenso de valle.

Arriesgar la vida por alcanzar un tiempo cercano al cielo;
por ser sabor a vida, sabor a corsario, sabor a eternidad
amando tierra, viento, algas en sol naciendo en cada frente.

Epílogo

LA CIUDAD
DE LAS ANTORCHAS

Con antorchas en los ojos, el mundo habla diferente. El aire queda iluminado, los caminos abiertos. Las gentes son atravesadas por rayos compasivos. Es sencillo. Contemplar el mundo con luz de alma en las manos transforma la vida, nos trasciende con carne inmortal sobre el mundo.

Ser madre es hermoso. Un milagro. La vida. La construcción de nuevos seres. Proyecto mi antorcha. En ella. En él. Tan diminutos. Tan despiertos. Es sencillo. Los hijos son lo que ven. La respiración que sienten. La emoción entrañable al vivirme.

Con antorchas en los ojos, nacen bastiones que miran al cielo con anhelo de bondades. Sólo hay que extender hacia la eternidad fuego de alma partiendo las pupilas. Es sencillo. Amar es pensar. Yo me pido pensar en el cielo.

ÍNDICE

IV. LA CIUDAD DE LOS MÍSTICOS

V. LA CIUDAD DE LOS LIBROS

Epílogo
LA CIUDAD DE LAS ANTORCHAS